Gregouoire Aboubakar
Arnaud Djiokeu

Au cœur du bilinguisme et du multiculturalisme

Gregouoire Aboubakar
Arnaud Djiokeu

Au cœur du bilinguisme et du multiculturalisme

Sur la table d'opération : le bilinguisme et le multiculturalisme

Éditions Muse

Imprint

Cover image: www.ingimage.com

Publisher:
Éditions Muse
is a trademark of
Dodo Books Indian Ocean Ltd., member of the OmniScriptum S.R.L Publishing group
str. A.Russo 15, of. 61, Chisinau-2068, Republic of Moldova Europe
Printed at: see last page
ISBN: 978-620-3-86583-7

Essai

Avant-propos

Les deux thèmes abordés dans cet essai à savoir : «**le bilinguisme** et le **multiculturalisme**» par l'entremise du Cameroun, suivi par son douloureux passé jahannaminal dont les répercussions retentissent sur son présent oscillant au point de rendre, nous semble-t-il, sa synthèse vaine. Cela dit, il s'agira dans les lignes qui vont suivre, de proposer aux lecteurs trois pistes clés de compréhension de cet ouvrage :

La piste **première, elle** s'ouvre sur le triste et odieux commerce des « **esclaves» noirs** et le cynique **jahannamisme** européen qui se sont révélés en qualité des principaux brandons ayant conduit à l'éclatement du **Jannah** (Afrique) en général et du Cameroun en particulier. Cette balkanisation du rio dos Camarões a donné lieu au phénomène linguistique auquel nous assistons de nos jours notamment le **bilinguisme**. Ce dernier est la résultante de deux périodes majeures de l'histoire du Cameroun entre autres le **monolinguisme et l'opponinguisme**. Elle met à nu certains termes qu'ils avaient artificieusement inventés pour ensuquer, engourdir les africains et que malheureusement certains historiens continuent à utiliser. Il est également mentionné en gras, les actions menées dès le départ par l'État du Cameroun dans le but de faciliter l'implémentation de la pratique du bilinguisme ainsi que ses manquements tragiques.

La piste **seconde, elle** s'articule autour du **creuset** du concept «**multiculturalisme**» dans le monde d'une part et dans la République du Cameroun d'autre part. Un accent est mis sur ses circonstances d'apparition, ses différentes formes ainsi que sur son obstacle terminologique et épistémique. L'on est revenu sur la question du repli ou du regroupement identitaire au Cameroun.

La piste trois, elle est axée sur **les bienfaits et le bien fondé** du binôme **bilinguisme et multiculturalisme**. L'on s'est attardé sur la clarification de ces nouvelles vulgates nationales dans l'optique de permettre aux Camerounais de mieux les comprendre et de se les approprier selon qu'un moyen idéal pour le maintien d'une paix durable, et la sauvegarde de l'unité et de l'intégration nationales, pour un développement harmonieux en vue de l'émergence de la nation camerounaise à l'horizon 2035 telle que voulue et mise en œuvre par S.E.M. Paul Biya Président de la République, Chef de l'État. l'État et l'organe en charge de la promotion du bilinguisme et du multiculturalisme (CNPBM) sont interpellés afin qu'ils redoublent davantage des efforts dans le sens de la consolidation et du renforcement du vivre ensemble.

A Notre Cher et Beau Pays, le Cameroun

★

La force est dans le tout et

la faiblesse dans la partie.

- **Le malheur du Cameroun, c'est d'avoir connu l'Angleterre et la France.**

- **Qui possède les langues, possède le monde.**

- **Il n'existe pas une réelle différence entre les cultures, il n'existe que des écarts.**

Table des matières

Sur la table d'opération : le bilinguisme et le multiculturalisme

- Introduction Générale

L'état civil du bilinguisme et du multiculturalisme camerounais

★ Autour du Bilinguisme

Monolinguisme/Opponinguisme/Bilinguisme

Le bilinguisme nait de deux antécédents, un médiat et l'autre immédiat. Le médiat, également précédé par une page épouvantable qui ne venait qu'à peine de se refermer, est bien marqué par l'entrée Azraëlique des hommes de Jahannam en Jannah et la Grande Guerre. Nous sommes au XIXe siècle, le point de départ. Après avoir instauré et entretenu, avec cruauté des êtres de la savane la traite inhumaine des hommes de Jannah au fil de quatre sombres siècles, aux fins de contrer cette foudroyante pénurie alimentaire qui s'abattait sur eux et de tenter de combler la frustration naturelle qui, à son tour, leur faisait une dévastatrice guerre, en l'ayant soustrait l'aptitude physique à cultiver leurs terres improductives, véritable malédiction du ciel à leurs images; contraints à abandonner cette pratique odieuse et mesquine, ne pouvant pas se développer par eux-mêmes, animés par un esprit barbare, criminel et kleptomane, les hommes de Jahannam échafaudent un plan très excentré du divin mais remplissant toutes les caractéristiques Iblissadiques, et s'assignent dès lors une mission shaytanienne contre le Jannah : c'est le début de l'impérialisme Jahannamien ou du jahannamisme. Entendu comme une barbare et sanglante doctrine ayant préconisé la domination et militaire, et culturelle, et économique et politique voire intellectuelle des hommes de Jahananm sur le peuple du Jannah. A partir de cette funeste période, une tempête pestilentielle couvre Jannah, les Azraëliens l'envahissent tragiquement et une chaîne de massacre bien organisée a cours. Un véritable crime de guerre et crime contre l'humanité jusqu'à présent rangés dans l'impunité totale (malgré des millions d'âmes froidement exécutées ainsi que des vastes champs de matières premières spoliés). Ils réussissent à pénétrer sous une pluie de sang le Jannah et le transforme en leur gâteau qu'ils vont se partager lors de la fameuse conférence de Berlin (1884-1885). Forfaiture et haut vol bien moulés étant légalisés et légitimés par cette dernière, ces êtres, Issus de diverses cultures, parlant entre autres Shakespeare, Molière, Camões Goethe, Dante Etc., vont s'installer respectivement, avec force, chacun, sur le territoire qui lui est illégalement attribué, où ils vont mettre en pratique leur douloureuse domination militaire, économique, politique, religieuse et culturelle : c'est la jahannaminisation du Jannah. Au Cameroun (kamerun), sont présents, les Guillaumiens qui parlent von Goethe. Ils s'y étendent progressivement, après la signature du tout premier traité dit germano-Douala du 12 juillet 1884, leur puissance. Ils imposent le système de signes codés de Friedrich von Schiller, puisque pour s'assurer (peuple qui se dit fort) une domination réussie, susceptible de perdurer et avoir un contrôle sur ses soi-disant dominés (peuple peut-être faible), il est impératif de lui imposer sa propre culture, principalement sa langue, entendue comme étant un système de Signes codés propre à une communauté linguistique donnée, représentant sa vision du monde dans toute sa globalité, son découpage du réel, son système de pensée et bien d'autres. Cela signifie clairement que, la domination culturelle est la forme la plus achevée et la plus sûre de toute autres formes de domination étant donné que la culture serait en quelque sorte la façon de percevoir le monde, d'agir et de réagir d'un peuple transmis de génération en génération. Alors, entre 1884 - 1916, le kamerun est jahannaminisé (sous-protectorat, euphémisme trop forcé pour duper les jahannamisés stylistiquement moins avisés) par l'empereur Guillaume II et par ricochet soumis à la langue des chevaux pour reprendre l'expression de Charles Quint : c'est l'unilinguisme.

La première guerre mondiale : Du monolinguisme à l'opponinguisme.

Le conflit des hommes de jahannam devenu plus tard La "Grande Guerre" commence le 28 juillet 1914 et s'achève en 1918 opposant la Triple-Alliance (l'Allemagne, Autriche Hongrie, et l'Italie) contre la Triple-Entente (France, Russie et grande Bretagne) et dont les causes sont aussi nombreuses que complexes parmi lesquelles les rivalités coloniales. Au kamerun, elle oppose d'un côté Von Goethe (puissance ayant conquis le Kamerun) et de l'autre, Molière (animé surtout par un esprit revanchard) et Shakespeare dès le 3 août 1914. Von Goethe fait la reddition ou bien capitule en 1916 et est sommé d'abandonner le territoire à ses belligérants vainqueurs (Molière et Shakespeare) marquant ainsi la fin du monolinguisme à la Schiller.

La France et le Royaume-Uni procèdent avant la naissance du jour à la balkanisation du Cameroun en deux territoires distincts. Les hommes de Reymond Poincaré occupent la partie Orientale (French Cameroon) et ceux de Georges V celle occidentale (British Cameroon). L'un parle Molière (langue de France) et l'autre Shakespeare (langue de l'Angleterre) : c'est l'opponinguisme.

division territoriale sera entérinée par l'inique traité de Versailles du 28 juin 1919 en plaçant les deux **territoires sous-mandat** (expression à connotation artificieuse inventée de toutes pièces pour berner, endormir les esprits pendant leur dépouillement) de la SDN (Société des Nations) dont l'administration est confiée à la France (Cameroun oriental) et à l'Angleterre (Cameroun occidental). On ne peut déjà pas parler du «**Bilinguisme**» puisque nous avons encore deux territoires bien délimités et bien distincts du point de vue de leur administration et de leur système linguistique. Pour le faire, il faudra attendre encore bien plus longtemps.

L'immédiat, le fédéralisme : De l'opponinguisme à bilinguisme.

Rappelons qu'après la seconde guerre mondiale (1939-45), l'ONU, ayant succédé la SDN approuve nouvellement le partage du malheureux Cameroun en deux territoires distincts entre la France et l'Angleterre sous la dénomination du **territoire sous-tutelle** (une terminologie créée pour enfumer, renforcer la fourberie) de l'ONU. Ce dernier accélère malgré lui le processus de déjahannaminisation à cause de la montée de l'esprit nationaliste en dépit de la sanglante répression de la part des hommes de jahannam. Ce qui conduisit le Cameroun de Molière à l'obtention de son «indépendance» en 1960 et celui de Shakespeare en 1961. Convaincus que la force est dans le «Tout» et la faiblesse dans la «Partie», les deux parties (Oriental et occidental) prennent une décision noble et tout à fait rassembleuse, en optant pour la réunification de ces deux territoires à la suite d'un référendum le 1er octobre 1961 : c'est la naissance de la «**République Fédérale du Cameroun**».

Deux jeunes États fédérés, n'ayant pas un système linguistique susceptible de traduire leur propre identité et d'assurer la communication au sein de la République comme langue officielle, ils sont contraints malheureusement à faire recours à l'héritage jahannaminal c'est-à-dire, à la culture anglaise et française, et précisément à leurs langues notamment, «l'anglais et français» en les adoptant comme langues officielles de la République

Fédérale du Cameroun. C'est ce que dit la constitution de 1961 régissant la forme du nouvel État : « Les langues officielles de la République Fédérale du Cameroun sont le français et l'anglais» : c'est le bilinguisme, entendu ici, comme le fait pour le Cameroun d'avoir deux langues officielles à savoir l'anglais et français d'égale valeur, tel que le souligne clairement la constitution du Cameroun du 18 janvier 1996 promulguée par Paul Biya, président de la République du Cameroun, révision de celle du 2 juin 1972 (au lendemain du passage de la République fédérale à la République unie) promulguée par Ahmadou Ahidjo, président de la République unie du Cameroun : « La République du Cameroun adopte l'anglais et le français comme langues officielles d'égale valeur » dès lors, l'État n'a aménagé aucun effort pour promouvoir le bilinguisme. Cela est tout à fait visible à travers l'adoption des lois, décrets, circulaires et ordonnance allant justement dans ce sens. Nous pouvons citer entre autres l'ordonnance no 72-11 du 26 août 1972 relative à la publication des lois, décrets, ordonnances et actes réglementaires de la République Unie du Cameroun stipule (dispose) que, la publication des actes législatifs ou réglementaires se fait au journal officiel en francais et en anglais. Cette ordonnance sera plus tard renforcée par la circulaire no 001/CAB/PM du 16 août 1991 relative à la pratique du bilinguisme dans l'administration publique et parapublique en neuf points essentiels à savoir :

1. Tout Camerounais a le droit de parler français ou anglais à tout service public ou parapublic et obtenir la réponse dans la langue officielle de son choix.

2. Tout agent public ou parapublic doit se faire comprendre par son public cible, que celui-ci soit francophone ou anglophone.

3. Tout service ou document offert au public par les services publics et parapublics doit être disponible dans les deux langues officielles.

4. Toute note, toute publicité sur les services publics, les biens de l'État et l'usage de ceux-ci doit être rédigé dans les deux langues officielles dans un même support ou sur deux supports distincts placés côte à côte.

5. Les traités et les accords liant le Cameroun aux autres États, aux personnes particulières ou aux organismes étrangers doivent être en français et en anglais et stipuler clairement que les deux versions font également foi.

6. Les décisions des juridictions et de la Cour suprême doivent être rendus et rapidement mis à la disposition du public en français et en anglais.

7. Les villes de Yaoundé et de Douala doivent refléter le caractère bilingue du Cameroun.

8. Tout usager des moyens de communication publics ou parapublics doit recevoir les services en anglais et en français en même temps.

9. Les services publics et parapublics doivent contribuer à la promotion du bilinguisme dans les entreprises et organismes placés sous leur tutelle.

10. La loi no 98/004 du 14 avril 1998 portant sur l'orientation de l'éducation au Cameroun, dispose à son article 3 que :

11. L'État consacre le bilinguisme à tous les niveaux

d'enseignement comme facteur d'unité et d'intégration nationales. L'on peut donc clairement déceler en cette loi, la volonté de l'État camerounais à rendre le système éducatif tout à fait bilingue.

Dès lors, la création des établissements bilingues se multiplie au niveau du primaire et du secondaire sur toute l'étendue du territoire national. Certains d'entre-eux qui étaient monolingues se sont vus érigés en bilingues. Des programmes radiophoniques consacrés à l'apprentissage de l'anglais et du français apparaissent notamment : « Opération bilingue », lancée en 1965 et bien après, « Better English pronunciation » ou bien encore «Conversation», diffusés sur les ondes de la radio nationale et radio Buéa. Une autre émission à caractère pédagogique a vu le jour hier (récemment) sur le poste national dénommée : « Better your English » et « Bilingualism on move » sur le poste national passant par la création des centres linguistiques consacrés spécifiquement à l'apprentissage de la langue de Shakespeare et de celle de Molière mis à la disposition de tous ceux désirant approfondir leurs connaissances en ces deux langues officielles. L'on ne va pas oublier aussi la semaine dite « semaine du bilinguisme» qui précède de coutume, chaque fête nationale de la jeunesse qui a lieu tous les 11 février, donnant ainsi, la possibilité à tout camerounais de prouver sa compétence linguistique à alterner entre le français et l'anglais. Au niveau des enseignements supérieurs, l'on note pratiquement que, presque toutes les universités étatiques (hormis certaines privées aussi bilingues) sont bilingues en réserve de celle de Ngaoundéré. Nous avons entre autres, l'université de Yaoundé 1 créée en 1962 sous l'appellation de «l'université Fédérale», l'université de Dschang, de Buéa, Douala Bamenda et bien d'autres.

Ayant fait le constat selon lequel, les apprenants du sous-système de Molière donnaient peu d'importance à l'apprentissage de l'anglais et ceux du sous-système de Shakespeare à celui du français, l'État, très préoccupé par ce phénomène qui gagnait du terrain, met en application la loi n° 66C/13/MINEDUC/CAB du 16 février 2001 conférant le caractère obligatoire de l'anglais et du français aux examens du sous-système de Molière et à certains de celui de Shakespeare afin non seulement d'éradiquer ce dernier mais également et surtout dans l'optique de renforcer le bilinguisme à la camerounaise.

L'on ne saura donc reprocher à l'État le fait que le Cameroun soit bilingue sans que les camerounais le soient même si on venait de tomber d'accord qu'il lui faut plus d'efforts, du concret dans ce domaine.

Suite au soulèvement de 2016 dont l'un des motifs avancés serait la marginalisation de la langue de Shakespeare par l'État, celui-ci, dans le souci de mettre fin à cette crise, a mis sur pied, se référant au Décret n° 2017/013 du 23 janvier 2017 portant la création de la Commission Nationale du Bilinguisme et du Multiculturalisme au Cameroun, la commission nationale pour la promotion du bilinguisme et du multiculturalisme en abrégé (CNPBM).

★ Autour du multiculturalisme

Le «multiculturalisme», ce terme dont l'écho de son ambiguïté terminologique et épistémique fait notoriété sur la table conceptuelle, vient de faire, officiellement, une entrée brusque dans le registre du Cameroun comme ce fut le cas ailleurs, marqué en majeur partie par la crise sociopolitique qui sévit dans les zones du Sud-Ouest et du Nord-ouest du pays, par Décret n° 2017/013 du 23 janvier 2017 portant la création de la Commission Nationale du Bilinguisme et du Multiculturalisme au Cameroun et promulgué bien évidemment par le président de la République du Cameroun, son Excellence Paul Biya, dans l'optique, non seulement d'apporter une solution durable à cette crise mais également de faire la promotion du patrimoine culturel national menacé d'extinction depuis l'arrivée des hommes de Jahannam au Cameroun dont lui-même a participé brillamment à leur dévalorisation, et à consolider davantage la paix sociale, préserver l'unité nationale et surtout promouvoir le vivre-ensemble.

Mondialement, il est un concept dont la date et le lieu exacts de naissance susceptibles de faire foi demeureraient flous même si plusieurs sources se tournent vers les États-Unis. Mais, l'on peut du moins tracer à peu près, où et quand, ce terme a connu son essor le plus considérable, notamment au Canada aux fils des années 60, période pendant laquelle ce dernier était secoué par une vague de revendication minoritaire.

Sous l'impulsion de **Pierre Elliott Trudeau**, premier ministre libéral du Canada de 1968 à 1984, le terme "Multiculturalisme" connut un développement important afin de constituer une réaction au «biculturalisme» (né de la guerre de 7 ans) soutenu à cette époque(1963-1965) par la Commission royale d'enquête sur le bilinguisme et le biculturalisme.

Il va falloir attendre jusqu'en 1971 pour que Le gouvernement fédéral adopte sa toute première politique sur le multiculturalisme devenant ainsi, le tout premier État occidental voire du monde, à adopter une telle politique. Pour être plus réaliste, le gouvernement de Pierre Elliott Trudeau crée en 1973 le ministère du Multiculturalisme et le Conseil Canadien du multiculturalisme (devenu plus tard Conseil ethnoculturel du Canada).

Cette politique s'inscrivait dans la logique d'apporter une solution durable aux revendications formulées par les minorités autochtones du Québec et des immigrés qui criaient à la marginalisation par l'État fédéral au profit de deux peuples qui se proclament fondateurs notamment les colons français et britanniques. (Le Canada était d'abord la colonie française avant de devenir celle du Royaume-Uni à l'issue de la guerre de 7 ans qui s'est déroulée entre 1756 à 1763).

A partir de cette période, cette notion connût un essor considérable et s'étend dans d'autres horizons. Il devint ainsi une source d'inspiration pour plus d'un domaines à savoir : politique, sociologie, philosophie. Cette extension est venue assaillir son obstacle Épistémique et Terminologique qui s'était posé dès son origine et n'a cessé à cet effet de susciter des houleux débats d'autant sur la difficulté à mieux cerner son sens que sur son adaptation dans divers contextes. Jusqu'à nos jours, personne ne lui a pas encore proposé une définition standard susceptible de faire l'unanimité tant entre ses défenseurs qu'entre ses pourfendeurs. Ceux qui l'ont essayé, se sont retrouvés très embarrassés au sein de son vaste chantier notionnel. Plus il gagne le terrain du débat plus la difficulté à le définir s'agrandit tel que le précise Fred Stanley en ces propos : «le multiculturalisme est un terme dont les limites ne sont pas faciles à établir». Ralph Grillo renchérit en le décrivant comme un « terme fourre-tout». En relation avec son emploi de plus en plus récurrent dans la sphère publique, sociale et intellectuelle, Brian Fay le décrit comme un «trendy buzzword» ou encore Bourdieu et Wacquant, qui le considèrent comme : «la nouvelle vulgate planétaire». Et pour clore le débat, Joe Kincheloe et Shirley Steinberg, deux défenseurs de la diversité culturelle déclarent : « Le multiculturalisme signifie tout et en même temps rien».

A lire ces auteurs, l'on peut aussitôt jeter son encre ou tout simplement renoncer à définir ce «trendy buzzword» mais vu que nous nous sommes fixé l'objectif de cerner clairement ce concept, il nous semble nécessaire de faire recours à sa source étymologique.

le "**Multiculturalisme**" Du latin «multus», pluriel, nombreux, en quantité importante, et «Cultura», Culture, civilisation. Il paraît que ce sens étymologique n'a contribué qu'à resserrer l'étau d'une appréhension claire et nette sinon à faire ressortir un autre terme plus ambiguë à délimiter que semble constituer son noyau à savoir "culture". C'est tout à fait logique puisque l'on ne saura mieux parler du multiculturalisme sans impérativement aborder la question de culture considérée morphologiquement comme le radical sur lequel viennent se greffer les affixes (multi, el et isme)

Certains auteurs anglais à l'instar de Raymond Williams à propos de la culture, parlent d'un des deux ou trois mots les plus ambivalents de la langue de Shakespeare. C'est sans doute ce qui a contraint les anthropologues comme A. Kroeber et C. Kluckohn à lui proposer plus de 160 définitions différentes. L'on se rend donc à l'évidence que le chemin qu'emprunte le terme culture est très glissant même les dictionnaires ne donnent pas de définitions satisfaisantes. Toutefois, l'une des définitions proposées par l'anthropologue **Clyde Kluckhohn** semble résister aux critiques au regard de sa clarté et de sa généralité susceptible de s'adapter dans les contextes les plus chaotiques comme le nôtre. Il définit ainsi la culture comme : «La manière de penser, de sentir et de réagir d'un groupe humain, surtout acquise et transmise par des symboles, et qui représente son identité spécifique». Cette définition nous révèle un autre terme clé sur lequel semble reposer le concept multiculturalisme notamment l' "identité spécifique" traduisant ainsi sa richesse. La question d'identité spécifique en trouve toute sa pertinence, car, elle est le fondement même de la mosaïque culturelle. En clair, la culture est avant tout une pratique sociale propre à un groupe humain précis.

Littéralement, le multiculturalisme désigne la diversité de cultures. Mais, dans le cadre de ce travail, il n'est pas question de sens mais plutôt de signification étant donné que nous sommes bel et bien dans le chantier des sciences sociales donc ce sens ne peut nous conduire qu'à l'égarement terminologique.

Selon le Rapport Bouchard-Taylor, rédigé par des commissaires du gouvernement canadien et rendu en 2008, le multiculturalisme désigne un système axé sur le respect et la promotion de la diversité ethnique dans une société.

Dans *Philosophie du multiculturalisme*, Paul May aborde la notion du multiculturalisme suivant trois approches : d'abord sociologique qui ramène le concept multiculturalisme en l'hétérogénéité ethnique, culturelle et religieuse d'un pays. Puis philosophique, qui conçoit ce pluralisme sous la forme d'une société juste et enfin politique, qui, de sa position centrale, tente de donner des garanties et des droits capables de protéger des identités spécifiques (que ces groupes humains cherchent à préserver à tout prix et à tous les prix) et surtout les mettre à l'abri de la phagocytose.

Ces différentes définitions rendent bien compte de l'obstacle sémantique que pose ledit vocable. Cela nous embarque Manu militari, dans un wagon pragmatique c'est-à-dire que la meilleure manière de comprendre ce terme n'est possible que dans un contexte bien précis.

Le Cameroun est un pays qui présente une diversité culturelle très riche. On parle d'environ 300 ethnies reparties sur toute l'étendue du territoire national, c'est justement ce qui lui a valu en partie, le nom de l'Afrique en miniature. Le multiculturalisme tel que promu par l'État du Cameroun, peut se résumer en la reconnaissance, le respect et la promotion de ces différences culturelles qu'il y a entre ces ethnies en vue de leur cohabitation pacifiée et harmonisée au sein du territoire camerounais.

De ce qui précède, le bilinguisme et le multiculturalisme camerounais s'apparentent aux projets politiques que l'État camerounais défend, dès ses origines avec force. Vu sous cet angle, quelles peuvent être réellement leurs portées intellectuelles, sociales et politiques pour le Cameroun au moment où ce dernier est secoué par une crise sociopolitique et culturelle? Autrement dit, quels peuvent être les bien-fondés du bilinguisme et du multiculturalisme pour le Cameroun ?

Chapitre I : les bienfaits du bilinguisme pour le Cameroun et pour les camerounais

Dans l'ambition de bien cerner ce que l'on pourra appeler le nœud de ce chapitre, il semble convenable de commencer par définir sinon redéfinir le concept " Bilinguisme".

Dictionnaire Gaffiot, latin-français (1934), révèle que le terme "bilinguisme" vient du latin bilinguis, e (bis, lingua) : qui a deux langues, qui parle ou pratique deux langues. Dans le cas d'espèce, le bilinguisme peut se résumer en des termes suivants : le fait pour l'État camerounais d'avoir adopté deux langues officielles. On parle du bilinguisme officiel ou constitutionnel. Ou bien la capacité pour un citoyen camerounais d'alterner entre ces deux langues officielles à savoir, français et anglais. On parle du bilinguisme individuel. En un mot, pour parler un tout petit peu comme un scientifique du langage, le bilinguisme camerounais designe d'une part l'officialisation de deux systèmes de signes codés appartenant à deux communauté linguistiques distinctes (Angleterre et France) par l'État du Cameroun faisant office de langues parlées et écrites, administratives, d'enseignement... Et la compétence linguistique d'un camerounais à user de deux systèmes linguistiques différents pour communiquer ou échanger d'autre part. En un mot, le bilinguisme désigne spécifiquement la pratique effective de deux langues. Il n'implique pas forcément la maîtrise parfaite de ces deux systèmes de signes.

★ Le bilinguisme camerounais, une porte à la connaissance

Pour mieux aborder ce point, soulignons toute de suite que, celui qui, par son effort ou au gré du salut du ciel est polyglotte ou multilingue, c'est-à-dire parle plusieurs langues importantes, a une ouverture d'esprit incommensurable. Son intelligence est plus développée, et sa région psychique est prédisposée à la réception facile de connaissances nouvelles. C'est sans conteste puisque l'intelligence ne relève pas substantiellement de l'innéisme comme le pensait Roland Barthes mais plutôt du constructivisme. Elle se construit grâce à l'environnement du sujet comme le disait le psychologue Jean Piaget. Il est le plus proche de connaissances, le plus éveillé des hommes, car tout est dans le langage ou bien dans les langues. Le monde est représenté par des signes. Qui désire comprendre le monde ou aller à la conquête du monde, doit maîtriser autant que possible des langues. Le monde se laisse découvrir par celui qui sait interpréter les signes qu'ils soient linguistiques ou non. Les réalités de chaque societé sont décrites par des signes (linguistique ou non). Si vous souhaitez maîtriser les hommes, commencer d'abord par maîtriser le langage humain car le vrai pouvoir est enfoui dans le langage. Il y a un intérêt on ne peut plus prestigieux pour celui qui parle plusieurs langues importantes.

Bien qu'il soit perçu comme un impérialisme linguistique ou bien un héritage colonial à bannir dans la mesure du possible, l'on ne saura nier les bienfaits qu'offrent ces deux langues que les circonstances leur ont permis d'étendre leurs puissances à l'échelle mondiale sinon, pour ces deux États d'imposer leur façon de voir le monde aux peuples dominés. Ces dérivées germano-latines ont étendu leurs cultures, capté un grand nombre de locuteurs dans le monde entier qu'elles se sont hissées aux rangs des langues scientifiques, assumée à l'époque par le latin devenu langue morte grâce aux secousses qu'a connues le monde entier depuis la ruée des êtres de jahannam vers le Jannah et vers d'autres pôles du monde en passant par la grande guerre et la seconde guerre mondiale. Ce qui nous contraint par honnêteté intellectuelle, de souligner nettement que, la grande partie des connaissances scientifiques depuis le siècle des lumières ont été produites ou du moins traduites en ces langues. Que ce soit dans le domaine des sciences humaines (linguistique, anthropologie, psychologie, philosophie...) que dans celui des sciences exactes (mathématiques, chimie, physique, astronomie...). Ce phénomène peut s'expliquer au moyen d'un nombre de facteurs donc la majeure partie trouve du sens en leurs arsenaux politiques mis en pratique. En outre, les plus grandes firmes du monde, écoles, universités de référence et centre de recherches de toute nature, sont en (grande) majorité en sol des pays anglo-saxons à l'instar des États-Unis d'Amérique, du Royaume-Uni Etc. Et dans une partie de la francophonie principalement la France qui regorge des universités de référence, des grandes firmes et des grands centres de recherches dans tous les domaines confondus. Cela revient à dire sans risque de se tromper d'une manière grotesque qu'il y a un grand avantage pour un camerounais de maîtriser l'anglais et le français car cela lui permettra sans doute d'avoir accès à beaucoup de connaissances développées par les anglo-saxons et les français sans avoir à faire recours aux traducteurs. Il est facile pour un camerounais bilingue de migrer la France ou les États-Unis par exemple et s'y installer sans souci majeur, puisqu'il n'aura pas assez de difficultés à y trouver de l'emploi à cause de barrières linguistiques. Nul n'est plus salamandre que celui qui, par hasard, se trouve dans un lieu où la langue qui est y parlée l'échappe complètement. Sans aller trop loin, Regardons même au bout de nos orteils, lorsqu'un camerounais qui parle uniquement français, se trouve à Buéa par exemple, il est complètement perdu, il ne peut rentrer en connaissance de rien, il ignore ce qui se dit autour de lui du moins qu'il fasse recours au langage non verbal même jusqu'à là, sera buté. Idem pour celui qui parle seulement anglais se trouvant à Ngaoundéré, même si quelque chose lui arrive, il ne saura même pas comment crier à l'aide or, s'il est bilingue, où qu'il soit, il sera chez-lui comme le souligne le linguiste Edmund de Waal : « Grâce aux langues, on est chez soi n'importe où ».

Pour le Cameroun, le fait qu'il soit bilingue, lui permet de répondre aus besoins multiples qu'exige l'ère de la mondialisation, sa facilité d'avoir accès aux informations du monde. Il est sans doute que la langue la plus parlée au monde demeure l'anglais, et le français qui vient, il paraît, en 4e position. Ce qui revient à dire que beaucoup de connaissances sont produites en ces dernières. Appuyons-nous sur la technologie, l'on constate toute de suite que les smartphones, ordinateurs et bien d'autres appareils sont en majorité conçus en anglais ou du moins ce que nous utilisons en anglais et en français. C'est ce qui nous conduit à déclarer sans ambages que nous sommes contraints de maîtriser l'anglais et le français si nous voulons avoir un accès facile aux connaissances. Confier sa connaissance dans les mains d'une seule langue, c'est réduire graduellement sa vision du monde. C'est se mettre des véritables barrières, c'est prendre place à bord d'un bateau d'ignorance. Sur internet, hormis le système de traduction, les meilleurs sites d'informations ou de connaissances scientifiques sont en majorité en anglais et en français. Il y a donc grand profit pour celui qui maîtrise ces langues de naviguer dans tous les sites sans cailloux linguistique en cours de chemin. Parler en plus de sa langue de compétence, l'anglais et le français, et aller au delà c'est l'idéal d'un homme qui veut conquérir le monde. Il y a grand bonheur d'être plurilingue ou polyglotte, cela ouvre la voie aux connaissances et par conséquent aux prérogatives y afférantes. Un camerounais qui est bilingue s'intègre facilement dans la société.

★ Bilinguisme : Catalyseur d'intégration et d'unité nationales

Comme nous l'avons souligné plus haut, l'histoire du Cameroun montre un pays qui a été divisé et administré différemment au moyen de deux cultures radicalement opposées à savoir : la culture française et celle anglaise qui ont impacté considérablement sur l'agir et le réagir des camerounais. Puisque séparés longtemps, le retour au Cameroun uni a impliqué impérativement la considération de l'identité de chaque partie du point de vu linguistique et que l'adoption par la République uni, puis par la République du Cameroun, le français et l'anglais comme langues officielles d'égale valeur, représente un véritable catalyseur d'intégration et d'unité nationales.

En effet, le bilinguisme, empêche dès lors tout camerounais de s'identifier comme faisant partie d'un seul pôle et que le fait d'alterner entre l'anglais et le français renforçait inéluctablement l'unité et l'intégration nationales. Il demeure bien-sûr, comme nous le martelons, cet important catalyseur d'intégration et d'unité nationales, aussi, dans la dimension qu'il donne l'avantage à chaque camerounais de se sentir à l'aise partout où il se trouve. Il donne le sentiment d'appartenance à une et unique nation qu'est l'Afrique en miniature. En tant que tel, il contribue en la préservation d'unité nationale puisque cela permet à chaque camerounais de se rendre à l'évidence qu'il n'est différent de l'autre puisqu'il y a aucune différence. Lorsqu'on partage déjà les mêmes outils linguistiques, la notion de différence majeure disparaît jusqu'à son inhumation. Au demeurant, le bilinguisme camerounais reste un outil majeur dans le maintien et le renforcement de l'unité et d'intégration nationales. Il met à l'abri des mines culturelles, et principalement linguistiques posées par les hommes de jahannam lors du partage du Cameroun, les moins naïfs, car, celui qui a fait une lecture attentionnée du vent pestilentiel qui a secoué le Jannah en général et l'Afrique en miniature en particulier, ne saura sinon, ne pourra à grand jamais se fier de l'héritage jahannamien, en d'autres termes, revendiquer la culture comme sienne oubliant celle de ses ancêtres qui se sont battus jusqu'à leur sépulcre pour préserver. Si l'écrasante majorité des penseurs sont unanimes mêmes les plus sceptiques y compris les théologiens sur le fait que tout le pouvoir est dans le langage, alors la langue étant au service de ce dernier, l'on ne peut que s'aligner en des termes suivants : **les langues unissent des hommes au même titre que l'amour. D'ailleurs,** il est révélé dans les textes religieux qu'au commencement était le "Verbe". Cela revient à dire que le simple fait pour les camerounais de parler les mêmes langues constitue un renforçateur dans la préservation de l'unité nationale. L'expérience prouve à juste titre que, ceux qui partagent un code commun, lorsqu'ils se retrouvent ensemble, ce dernier crée d'une façon naturelle, entre ceux-ci, un climat de paix, du vivre ensemble et suscite un sentiment de générosité, d'assistance de l'autre voire de confiance.

★ Bilinguisme : Plus-value dans le monde professionnel

Le bilinguisme représente sans aucun doute un excellent atout dans le développement intellectuel et personnel d'un individu. Dans le monde de la profession, savoir s'exprimer en deux langues notamment le français et l'anglais telles qu'officialiser au Cameroun est d'un véritable avantage à la fois pour vous et pour l'entreprise. Cela accélère la croissance de l'entreprise car, tous les moyens sont réunis pour parler d'elle à l'extérieur ou à sa clientèle. Parler couramment ses deux langues est un poids dans le monde du travail. Cela suscite l'intérêt des employeurs et permet de décrocher des postes convoités au sein des grandes entreprises, et plus particulièrement à l'international. Le contact avec le monde est alors facile. Maîtriser deux langues offre une plus grande flexibilité mentale : la capacité de réflexion est décuplée, l'individu a davantage de facilités à apprendre et intégrer des concepts complexes, ainsi que des cultures et modes de pensées différents. Le bilinguisme permet également une plus grande facilité à parler d'autres langues. En effet, les connaissances des particularités phonétiques permettent d'assimiler plus facilement une troisième voire une quatrième langue. le bilinguisme favorise la communication avec autrui et la tolérance des différences. Un individu bilingue aura davantage de flexibilité à apprécier les différences culturelles et à les comparer. Le goût pour les voyages d'affaires en sera renforcé. En surcroît, la capacité de parler couramment dans une seconde langue peut non seulement vous ouvrir des portes qui ne le seraient pas sans cette aptitude, mais aussi vous permettre de vous démarquer aux yeux de recruteurs potentiels. Dans l'économie globale actuelle et le dynamisme mondial, la communication est essentielle, et alors que de plus en plus d'entreprises ouvrent leurs horizons vers l'étranger, le bilinguisme est devenu un atout clé. Pour dire vrai, connaître une seconde langue vous donne les universaux pour comprendre le fonctionnement d'un business à l'étranger et même dans votre pays si celui-ci est un pays bilingue comme c'est le cas du Cameroun. Mais aussi, vous permet presque automatiquement d'acquérir le respect de votre interlocuteur en étant capable de communiquer dans sa langue natale et/ou d'apprentissage.

En outre de vous équiper d'atouts pour le monde professionnel, apprendre une seconde langue vous procure également plusieurs privilèges cognitifs. Et vous bénéficieriez mentalement que vous soyez bilingues depuis votre enfance, ou, qu'au contraire vous ayez développé la capacité de parler une seconde langue couramment étant adulte. Voici quelques-uns des « bonus » liés au bilinguisme :

- Votre mémoire s'améliore

On compare souvent le cerveau à un muscle, car il fonctionne mieux avec l'entrainement. Apprendre une nouvelle langue implique la mémorisation de règles et de vocabulaire qui aident justement à renforcer ce « muscle » mental. Ces exercices linguistiques améliorent votre mémoire, et signifie que les personnes parlant plusieurs langues peuvent se souvenir de certaines séquences. Ainsi, plusieurs études ont montré que les personnes bilingues avaient plus de facilité à se remémorer des listes de courses, noms, et directions, par exemple. La capacité d'ouverture d'esprit est notoire.

- Vous construisez des capacités de « multi-tasking »

Les personnes multilinguistes, et surtout les enfants, ont le talent de pouvoir alterner entre deux systèmes de parole, d'écriture et de structure. Selon une étude réalisée par L'Université de Pennsylvanie, ce talent de « jonglage » entre deux langues leur permet d'effectuer plusieurs tâches à la fois très aisément. Lors d'une étude, les participants ont fait l'exercice d'opérer un simulateur de conduite tout en faisant d'autres tâches séparées et distrayantes en même temps. La recherche a montré que les participants qui parlaient plus d'une langues commettaient moins de fautes dans leur conduite.

- Vous repoussez les risques de développer l'Alzheimer et la démence.

Sanitairement, le bilinguisme fait ses preuves : Plusieurs études ont été conduites à ce sujet, et les résultats sont révélateurs. Pour les adultes, l'âge qui présente les premiers signes de démence est celle de 71.4 ans alors que dans le cas des adultes pouvant communiquer dans deux langues ou plus, ces signes apparaissent généralement plutôt vers l'âge de 75.5 ans. Les études ont pris en compte plusieurs facteurs tel que le niveau d'éducation, le niveau du salaire, le genre et la santé physique des sujets, mais les résultats sont sans appel.

- Votre aptitude à prendre des décisions rapidement s'améliore.

Selon une étude de l'université de Chicago (États-Unis), les bilingues ont tendance à prendre des décisions plus rationnelles. Toute langue contient des nuances et des implications subtiles dans le vocabulaire, et celles-ci peuvent influencer votre jugement de manière subconsciente. Pour cette raison, les bilingues sont plus confiants dans leurs décisions après les avoir revues dans leur deuxième langue et en ayant constaté si leurs conclusions initiales subsistaient.

- Vous vous améliorez dans votre première langue.

Apprendre une seconde langue peut diriger votre attention vers les mécanismes du fonctionnement du langage : que ce soit dans la grammaire, que dans le domaine de la conjugaison, ou dans celui de la structure c'est-à-dire sur le plan syntagmatique. Ceci vous rend plus sensible au langage et les façons dont il peut être structuré et manié. Vous devenez ainsi un locuteur plus efficace et un écrivain, ou éditeur plus pointu. Les bilingues acquièrent également une bonne écoute, étant donné qu'ils sont habiles en matière de distinguer la signification derrière les sons discrets.

★ Bilinguisme, instrument de communication par excellence et du dialogue entre les hommes.

L'orqu'un peuple partage un code commun pour communiquer, cela devient un instrument parfait qui assure non seulement une communication parfaite mais favorise le dialogue entre ses interlocuteurs. Le français et l'anglais sont les codes qui facilitent sans doute la meilleure communication entre les camerounais de tout bord. Les camerounais bilingues hormis leurs langues maternelles, partagent de façon fluide des informations. Ils ont la facilité de décoder tout type de message administratif qu'il soit écrit en français ou en anglais et sont toujours les sources d'information pour d'autres. Le bilinguisme camerounais permet aux camerounais de tous les pôles de communiquer, de s'entendre et surtout assurer le dialogue entre eux. Avec la maîtrise du français et de l'anglais, les camerounais trouvent moyen de débattre sur des sujets d'intérêt général. Ils portent ensemble, à bras-le-corps leurs multiples problèmes auxquels ils sont appelés à faire face. Par le biais de ces codes communs, chacun exprime clairement sa pensée, rend compte de son vécu quotidien à son concitoyen avec qui, il cohabite ou vit. Grâce à cet arsenal linguistique qu'ils possèdent ensemble, ils partagent de nombreuses informations devant contribuer au développement de leur nation. Il n'y a pas de problèmes insolubles lorsqu'on a un code commun, étant donné que ce code conditionne un dialogue fluide sans ambiguïté. Chacun saisit ce que dit l'autre, chacun arrive à comprendre ce que pense l'autre autour d'un sujet précis. Si plus d'une personnes pensent que la langue est en quelque sorte la vision du monde de sa communauté, leur façon de découper le réel, l'on peut se permettre de dire que, lorsqu'on partage le même système de signes codés, il y a probabilité de s'entendre quelque soit le degré du scepticisme ou de malentendu pouvant exister. Ce qu'on peut obtenir à travers un dialogue, l'on ne peut l'obtenir via les armes, les mots contre les maux, argument contre argument. En tant qu'un instrument de communication par excellence, le bilinguisme permet une circulation nette de messages entre les camerounais. Il donne l'avantage à chaque couche sociale d'être au même niveau d'information que l'autre. Cela lui offre le privilège de savoir ce qui se passe autour de lui et ailleurs. Le simple fait de partager le même code pousse au dialogue entre les citoyens.

★ Bilinguisme, force d'entente et de tolérance

L'expérience a toujours prouvé que ceux qui partagent les mêmes outils linguistiques sont enclins à la tolérance les uns les autres. Le bilinguisme camerounais est une force d'entente et de tolérance car, chacun se rend compte qu'il n'est pas différent de l'autre, que sa manière d'agir et de réagir est similaire à celle de son concitoyen ou de son compatriote. L'action de parler les mêmes langues empêche d'être traité comme un étranger dont l'on pourrait faire l'objet car, celui qui ne parle généralement pas la même langue comme soi est toujours taxé d'étranger et devant, malheureusement, être considéré à cet effet différemment jusqu'au point où sa moindre erreur suscite la fureur ou le sarcasme de ceux d'en face. L'entente nait d'une communication réussie ou bien d'un dialogue bien mené et cela ne peut qu'aboutir que lorsque les parties prenantes arrivent à s'accorder autour d'un code partagé. Un code commun suscite une sorte de sentiment de bonheur envers son interlocuteur qui conditionne par conséquent un fair-play, un enclin à la tolérance. Selon l'étude que nous avons menée dans plusieurs villes du Cameroun (Douala, Buéa, Yaoundé Etc.), nous nous sommes rendus à l'évidence que, ceux qui parlent la même langue s'entraident de façon mécanique dans la majorité de cas. Ils accordent plus d'attention à ceux qui utilisent le même «dialecte» qu'eux. Cela revient à conclure que, le bilinguisme, s'il est bien pratiqué, demeure une force d'entente et de tolérance entre les peuples. Parler, pour les camerounais, le français et l'anglais fait d'eux les gens de la même famille et cela donne lieu à un sentiment d'amour et de tolérance entre différents peuples. Un code commun fait de nous, les gens qui partagent le même monde. Il fait croire à l'existence d'un système de pensée identique et donne ainsi sens à l'entente et éventuellement en la capacité à ne pas s'opposer à des idées, à des positions différentes des nôtres. Selon l'expérience menée sur le terrain, un camerounais qui s'exprime aisément en la langue de France et de Bretagne, trouve toujours sa place partout au Cameroun. Il est justement presque impossible de déterminer son origine; on est toujours porté à croire sans circonlocution qu'il est des nôtres et cela fait régner naturellement un climat d'attente, de tolérance, et éventuellement de paix. C'est un renforçateur des liens sociaux par excellence. Véritable producteur du sentiment d'adhésion, et installateur agréé, en des coeurs de différents peuples, un net sentiment d'appartenance à une même communauté et par conséquent à une même nation et fiers de l'être.

★ Bilinguisme, sérum contre toute éventuelle marginalisation linguistique.

Nul ne saura soulever une quelconque marginalisation linguistique si réellement le bilinguisme se pratiquerait par une large et écrasante majorité des camerounais.

Instauré depuis 1961, le bilinguisme camerounais (anglais-français), héritage de son double passé jahannaminal, enregistre des avancées notables ces dernières années : De la constitution de 1961, où « le français et l'anglais sont les langues officielles de la République fédérale du Cameroun » à celle du 18 janvier 1996 où ces deux langues officielles « sont d'égale valeur », le Cameroun semble résolument engagé dans la promotion d'un bilinguisme intégral. Le processus ira certainement en s'amplifiant, d'autant que de nouvelles raisons, encore plus pressantes à l'ère de la globalisation des échanges, sont venues rendre encore plus impérieuse la nécessité pour tous les Camerounais d'être bilingues aujourd'hui. Pour répondre à ces défis de la modernité et surtout pour satisfaire les attentes dictées par le contexte socio-politique interne. Le président de la République a pris divers actes dans l'optique de donner un coup d'accélérateur à cette dynamique linguistique. Il ne faut pas d'ailleurs perdre de vue que le bilinguisme constitue le socle de la politique d'intégration nationale du Cameroun.

La création de la Commission nationale pour la Promotion du Bilinguisme et du Multiculturalisme en janvier 2017 est un marqueur majeur de la volonté présidentielle de passer rapidement du bilinguisme « proclamé » au bilinguisme réellement vécu et pratiqué par les citoyens, consolidant ainsi le Cameroun dans son statut de modèle linguistique en Afrique. Cette instance sur laquelle veille personnellement le président de la République a, entre autres missions, « d'assurer le suivi de la mise en œuvre des dispositions constitutionnelles faisant de l'anglais et du français deux langues officielles d'égale valeur… »; « d'élaborer et soumettre au président de la République des projets de textes sur le bilinguisme…» ; « de vulgariser la règlementation sur le bilinguisme…. ». Sans tambour, ni trompette, la « Commission Musonge » a, depuis trois ans, imprimé sa marque. En dehors des campagnes de sensibilisation pour la promotion des langues officielles et la cohésion nationale, elle a œuvré pour l'élaboration de la loi portant promotion des langues officielles au Cameroun, promulguée le 24 décembre 2019 par le président de la République. Son déploiement dans les différents départements ministériels a pour but de voir si les stipulations de cette loi ont connu un début d'exécution dans les ministères. Il s'agit également de s'assurer que les administrations garantissent l'usage systématique des deux langues officielles comme langues de travail en leur sein. Les treize équipes qui sont sur le terrain veulent enfin savoir si les citoyens obtiennent les informations et documents officiels dans la langue de leur choix ou si les textes à caractère législatif et règlementaire sont simultanément publiés et diffusés dans les deux langues officielles.

Depuis la promulgation de ce texte, l'on note des changements perceptibles dans les usages administratifs. Le chef de l'Etat lui-même donne désormais le bon exemple dans la promotion du bilinguisme intégral. Tous les textes d'émanation présidentielle sont, depuis la nuit des temps, édictés, publiés et diffusés simultanément dans les deux langues officielles. Ce changement de paradigme est déjà aussi perceptible dans certains départements ministériels. Mais dans d'autres, c'est l'envers du décor. Les attitudes et les habitudes ont encore la peau dure. L'attitude et la mentalité des agents publics postés à l'accueil des usagers dans la plupart des services méritent d'être «déjahannaminisées». Par endroits, la langue locale a tendance à se substituer aux langues officielles dans les services publics. Malgré tout, la « loi du nombre », donne une prééminence certaine au français consacrant ainsi une espèce de marginalisation de l'anglais. La « Commission Musonge » doit donc se bouger davantage pour pousser les Camerounais vers la pratique effective du bilinguisme. Elle doit faire en sorte que la large majorité des camerounais s'approprie du bilinguisme ainsi que du multiculturalisme. Et ne doit pas rester une affaire de l'élite politico-administrative.

Chapitre Ii : le bien-fondé du multiculturalisme camerounais

Le Cameroun est l'une des nations sur la planète terre qui regorge une puissante richesse culturelle, un patrimoine culturel que n'importe quel pays souhaiterait avoir. Il totalise environ 300 ethnies par (arrondie). Cette densité culturelle dans toute son immensité concoure naturellement à son épanouissement c'est-à-dire de la nation camerounaise. Elle traduit toute sa grandeur et rend compte de toute sa floraison religieuse, ethnique, linguistique. C'est sans doute cette diversité culturelle, ethnique et ainsi que dans la mesure du probable ses traits géographiques qui lui ont valu son nom de l'Afrique en miniature. L'un des meilleurs avantages de cette multitude de cultures pour la nation camerounaise est sûrement sa capacité à contribuer conséquemment au développement, à faire sortir leur pays du rang des tiers-mondistes ou bien du sous-développement. Cette diversité culturelle est avant tout un instrument de la cohésion sociale par excellence que les hommes sont faits des cultures.

★ Diversité culturelle, un instrument de cohésion sociale par excellence.

La diversité culturelle camerounaise reste et demeure avant tout un véritable instrument qui facilite la cohésion sociale lorsque cette dernière est bien aménagée et bien gérée par l'organe central comme cela a été perçu dans la volonté de l'État à faire sa promotion suite au décret présidentiel portant création de la Commission Nationale pour la promotion du Bilinguisme et du Multiculturalisme au Cameroun. En reconnaissant et en valorisant chaque unité culturelle qui constitue, ensemble le patrimoine culturel national donnant ainsi un sentiment de fierté à chaque ethnique tout en lui offrant la garantie qu'elle n'a rien à perdre à cohabiter avec d'autres dans le même territoire puisque son identité est à cet effet reconnue et préservée. Cette reconnaissance et garantie permettent aux différentes communautés de ne pas se replier sur elles-mêmes à l'effet de participer à la préservation de l'unité nationale et mettre la barrière à la discrimination ou au tribalisme. Le droit que l'État octroie à chaque peuple ou minorité de manifester ses aspirations culturelles, religieuses, artistiques sans être inquiété lui donne le sentiment d'être considéré au sein de la multitude. Chaque communauté a quelque chose de précieux qu'elle tend toujours, d'une manière ou d'une autre à préserver. L'on nomme cette chose là son identité, ses valeurs profondse, intrinsèques. L'exemption vestimentaire que l'on observe également dans les services publics et au sein des entreprises favorise davantage le vivre ensemble, la cohésion sociale et par conséquent participe au développement dans le secteur économique pour les entreprises. Il donne un caractère hétérogène à la nation. À cela s'ajoute la laïcité de l'État qui se présente en outre comme une garantie à chaque membrane ethnique de cohabiter avec d'autres sans pourtant sacrifier son identité religieuse puisqu'il n'y a pas une religion que ce dernier impose ou bien valorise substantiellement. La culture unit bien plus que n'importe quelle chose. Lorsque chaque ethnie est libre de manifester dans ses formes les plus nobles sa culture, il n'y a point de frustration pour cette dernière, elle est fière, et forte. Cela lui donne la garantie de vivre en harmonie et pacifiquement avec d'autres peuples dans le même territoire. C'est l'idéal qu'il y a dans la promotion du patrimoine culturel camerounais. Le multiculturalisme n'a donc pas pour vocation d'éloigner les différents peuples du cameroun mais plutôt de les rapprocher en vue qu'ils vivent dans la paix et dans l'harmonie au sein de leur territoire national. Dans la promotion culturelle, l'on entend une volonté qui vise non seulement à reconnaître simplement chacune de ces différentes cultures mais aussi à faciliter leur coexistence pacifiée.

★ Multiculturalisme, coexistence pacifiée et harmonisée de plusieurs ethnies

La mosaïque culturelle vise avant tout la coexistence pacifiée et harmonisée de plusieurs cultures, différentes que soient-elles au sein d'un même territoire. On parle donc de l'unité dans la diversité. Cette phrase peut bien prêter à un quiproquo ou ambiguïté sémantique s'il n'est pas perçue à travers un prisme qui tend à se préoccuper d'écart fin que soit-il.

Ce projet politique bivondiste est autant noble dans la franche mesure qu'il tend à reconnaître les macrocultures et les microcultures afin de leur permettre de cohabiter sans risque que les macros puissent phagocyter les micros. Ces différentes communautés culturelles trouvent l'intérêt de vivre au sein d'un même territoire avec d'autres parce qu'elles ont désormais le droit et la garantie que leurs identités sont à l'abri de l'anéantissement. Cela renforce davantage l'unité nationale. Le Cameroun sortira donc gagnant de ce projet politique car, ils trouveront plus d'intérêt à vivre ensemble tout en préservant leur identité spécifique.

En fond, le multiculturalisme camerounais prétend, au regard de son immense diversité culturelle, et malgré les différences dont elles font montre, catalyser leur coexistence dans l'harmonie et surtout dans la paix durable des hommes civilisés. Il vise outre tout, l'exploitation de cette diversité culturelle comme une richesse ou une importante ressource devant contribuer à l'essor de l'Afrique en miniature. Le multiculturalisme camerounais permet à toutes ses composantes de se nouer, les unes les autres, les relations de fraternité, de générosité et l'affermissement du vivre ensemble. Une telle politique mise en place, si elle est bien aménagée et nourrie demeure un cauchemar contre des chocs intercommunautaires que l'on pourrait percevoir dans certains endroits du Cameroun.

★ Coexistence des cultures, une réponse adéquate au repli identitaire/communautarisme et au tribalisme. Enzyme pour le vivre ensemble et pour la tolérance. Source vitale pour le développement et pour la paix durable.

Sur la base des éléments méthodologiques empruntés au champ de la sociohistoire, il est question, dans cette partie, de faire le point sur les entraves qui résultent du repli identitaire afin, de contribuer à la réalisation intelligente du projet de construction de la conscience ou de l'identité nationale au Cameroun postjahannaminal. Pour y parvenir, il sera question de procéder à un recadrage historique des regroupements identitaires afin, de dégager les éléments définitoires de l'identité nationale dans un Cameroun multiculturel.

Ce recadrage vise à souligner que la notion d'intégration nationale n'est nullement empreinte des représentations sociales liées au phénomène simple de repli identitaire. Bien plus, il va s'agir d'analyser, dans une logique historique, les conditions dans lesquelles l'on peut mouler l'identité nationale à partir de l'identité ethno-tribale. La double démarche structuro-analytique et sociocritique, adjoint à l'étude synchronique des faits, permet de démontrer à suffisance que les éléments authentiques de l'âme camerounaise ne se perçoivent en l'identité ethno-tribale que dans le cadre de la prise en compte de la somme des valeurs identitaires positivistes.

L'intégration nationale multiculturelle est un processus dont l'aboutissement induit le sentiment commun d'appartenance et de construction solidaire de la nation par l'ensemble de ses composantes. C'est dans ce sens que le sociologue Émile Durkheim pense qu'il s'agit d'un « processus par lequel l'individu participe à la vie sociale de sa nation». En effet, l'intégration nationale traduit la situation dans laquelle les individus participent de manière solidaire à la construction durable de leur nation tout en s'y sentant membres à part entière et non entièrement à part. Au regard de la délicatesse qui entoure un tel processus, c'est une lapalissade qu'il s'agit ainsi d'une construction perpétuelle et permanente, notamment dans le cas du Cameroun qui, en tant qu'une véritable « tour de Babel», présente ipso facto, de nombreux facteurs pouvant plutôt constituer des avatars à cette intégration nationale multiculturelle. Au classement de ces nombreux facteurs figure en pole position, la multitude culturelle qui peut être à la fois un adjuvant et un opposant à ce difficultueux processus. À la lumière, la diversité culturelle au Cameroun motive parfois cette velléité à se replier vers sa communauté d'appartenance.

Aux dires de la lexicologie, le lexème repli suppose l'action de se replier. En grossomodo, ce terme est visiblement synonyme de regroupement, lequel renvoie au sentiment d'appartenance à un groupe ou à une communauté humaine spécifique. Les replis identitaires évoquent alors l'idée de regroupement ou de rassemblement d'individus sur la base des aspirations communes et des affinités partagées d'ordre religieux, linguistique, ethno-tribal, historique, etc. Sur le socle géographique ou territorial, les replis identitaires sont un mouvement autarcique dont l'expression et la cadence varient d'un espace à un autre. Au Cameroun préjahananminal et même jahananminal, ce phénomène vieux comme le monde, fut mémorabilisé par une dynamique ethno-régionale sous fond de réappropriation des valeurs identitaires, dans le but d'enclencher le développement local. Après la fameuse indépendance, l'on a assisté à un étouffement des forces ethno-régionales durant la période du monolithisme politique et ce garottement a pris fin à l'avènement du multipartisme (à la fleur des années 1990). Pour tout dire, l'étalement des regroupements identitaires dans le Cameroun indépendant s'est fait, et continue d'ailleurs à se faire, à double vitesse. D'où la problématique d'une appropriation indélicate, inquiétante et nuisible du phénomène au regard de la perspective de l'intégration nationale.

Visiblement, l'on souligne de plus en plus une résurgence incontrôlée et/ou rebelle d'une certaine tendance identitaire séparatiste. La présente partie entend alors se questionner sur la pertinence des replis identitaires dans le processus de l'intégration nationale au Cameroun. Elle se fixe pour objectif de relever (chirurgicaliser) les risques liés à une nocive appropriation des replis identitaires dans un contexte de consolidation de l'intégration nationale. Il sera justement question, de retracer l'historique de la mouvance communautaire ou identitaire, d'analyser les hauts et les bas du phénomène et de proposer des solutions opérantes et opérationnalisantes contre le côté dangereux du phénomène et qui permettraient de renforcer l'intégration nationale. La démarche analytique – qui est à la fois synchronique, diachronique et sociocritique mettra en vie, le caractère antique et papillonnant des replis identitaires.

Très loin d'être un phénomène nouveau au Cameroun, les replis identitaires datent d'une époque très ancienne de l'histoire. Historiquement, la première organisation à connotation identitaire, voire ethno-régionale, vit la lumière à l'orée du VIIe siècle après Jésus-Christ. De fils en aiguilles, d'autres regroupements identitaires virent le jour au point où l'on a assisté à un pullulement de regroupements identitaires à la veille de l'indépendance. Cependant, ces regroupements identitaires ont connu des directions différentes dû au fait qu'ils n'ont pas toujours eu les mêmes aspirations et acceptions alors, l'oxygénothérapie s'impose en lieu et place de cette malheureuse carbonisation du repli identitaire au Cameroun.

Autant le dire, les replis identitaires en plus d'être un phénomène non seulement très antique, sont surtout résilient , réputé pour avoir la peau dure au Cameroun du fait qu'ils puisent leurs substances sur l'affirmation de l'identité de soi. Ils ont pris corps avec l'avènement du *Ngondo* qui est sans aucun doute le plus ancien des regroupements identitaires au Cameroun. Son origine remonte probablement au début du VIIe siècle au moment où les Duala venaient tout juste de s'installer sur l'estuaire du Wouri. D'ailleurs, Doumbé Moulongo estime que le *Ngondo* est antérieur à l'arrivée du premier missionnaire Merrick en 1843. Ainsi, depuis la période allemande, le *Ngondo* a joué un rôle important dans la régulation et la stabilisation de la société *duala* ainsi qu'au niveau des échanges commerciaux avec les hommes de jahannam. Depuis sa gestation, le *Ngondo* a été et reste le symbole indélébile de l'unité des *Duala*, la concrétisation d'un bloc uni appelé à défendre l'honneur et la dignité de ce peuple aussi bien à l'intérieur qu'à l'extérieur. Un autre regroupement identitaire dont les origines remontent à plusieurs siècles est le Mpo'o. De nombreux auteurs à l'instar de Mboke nous apprennent que les origines du Mpo'o remontent précisément à 700 ans. Ce regroupement intègre un ensemble de 14 clans descendants d'un ancêtre éponyme commun appelé Nnanga Mbang Ngue alias Mpo'o Mingenda Milibet Ben qui veut dire l'eau de la chute qui ne remonte jamais à sa source. Et de ses collatéraux Njob Mbang, Nso'o Mbang, Peke Mbang. Toutefois, c'est véritablement en 1948 que commence la fête commémorative du peuple Mpo'o. Au cours de cette fête, l'amicale est remplacée par l'assemblée coutumière et traditionnelle des Elog Mpo'o.

Le Ngondo et le Mpo'o étaient par substance des associations apolitiques dont la mission essentielle était la revalorisation et la revitalisation de l'identité culturelle de leur peuple respectif. À la veille de l'Indépendance du Cameroun, de nombreux regroupements identitaires rythmaient la vie sociopolitique.

Le Kumze, créé en mars 1948 à Dschang par le chef traditionnel de Foréké-Dschang, Mathias Djoumessi, avait pour objectif le rassemblement des Bamiléké, pour intégrer dans les esprits, la préservation de la coutume, et la revalorisation des valeurs culturelles des peuples de l'Ouest-Cameroun appelé également peuple des grass fields. Sur quasiment la même lancée, l'Union Bamoun, cette assemblée traditionnelle du peuple Bamoun, connu de nos jours sous la terminologie de Ngouon fut à l'origine créée en juin 1948 à Foumban par le sultan roi des bamouns, El Hadj Njimoluh Seidou Njoya avec le soutien d'Arouna Njoya. Sous l'acronyme L'UNIBA, ce regroupement avait ainsi pour but d'aboutir à l'union chaleureuse des bamouns et à la préservation de leur riche patrimoine culturel. De plus, L'Efulameyon est créé en décembre 1948 à l'initiative de Daniel Awong Ango, un autre regroupement identitaire qui fédérait les familles claniques du grand peuple Ekang notamment Fang-Beti-Bulu. Ses aspirations étaient principalement d'aboutir à l'union des Fang-Beti-Bulu des régions administratives du Ntem et de Kribi, à la défense de leurs intérêts économiques, à la renaissance culturelle, morale et intellectuelle de leur société et à l'établissement des relations étroites avec l'administration de tutelle. Le Koupé quant à lui est l'assemblée traditionnelle des populations du Moungo. Il a été créé en 1950 par Jean Kwélé s'inscrivant dans la logique de la valorisation du patrimoine culturel spécifique qui définit ce peuple. En outre, le Kwasio est le regroupement identitaire traditionnelle des ressortissants de Kribi. Créé en 1953 par Christophe Ngouah Nkoulet, il fusionnait trois groupes tribaux de la région kribienne que sont les Ngoumba, les Mabéa et les Pfiebouri. Cette assemblée avait pour but la connaissance de l'histoire, la revalorisation des coutumes et le développement de l'esprit de solidarité entre les siens. Dans le même sillage, le Marata fut créé en 1953 par Charles René Guy Okala. Cette association avait alors pour but de rassembler tous les peuples bantous de la vaste région administrative du Mbam pour cultiver en eux l'esprit de solidarité et l'envie de préserver leurs coutumes. Non loin de cette vision, l'Anagsama-Lessomolo est créé en 1956 à Obala. Cette assemblée rassemblait les Eton, les Manguissa et les Batchenga dans le but non seulement de cultiver l'entente, l'entraide, la solidarité, mais aussi, et surtout, de revaloriser leur patrimoine culturel. Également, le Kolo-Beti, née en 1956 dans la ville aux septs collines dont le fondateur est Philippe Mbarga Manga, est une association qui avait pour objectifs le resserrement des liens de parenté entre les Kolo-Beti, la revalorisation des cultures et traditions beti et le développement de l'esprit de communion entre ces différents groupes tribaux.

Cette présentation succincte que nous venons de faire de certains regroupements identitaires au Cameroun révèle clairement que le phénomène n'est pas récent ou ne datent pas d'aujourd'hui. Bien plus, la dynamique identitaire telle que revisitée ci-haut dévoile également que ces regroupements, loin d'être le lit des divisions tribales et tribalistes ont plutôt marqué le paradigme camerounais d'une façon mémorablement exemplaire qui devrait par conséquent attirer l'attention de chaque camerounais, à travers notamment leurs actions de rassemblement des populations culturellement proches, de revalorisation culturelle, et même de solidarité et de cohésion régionale. Par ricochet, il est important de dire que ces regroupements avaient des idéaux salutaires pour la consolidation de l'intégration nationale dans le multiculturalisme. Toutefois, leur évolution s'est vue pervertie et diluée par des comportements identitaires tribaux.

Dans leur déploiement, les replis identitaires ont été aussi bien positivement que négativement rythmés par des contingences sociopolitiques diverses. Ainsi, trois grands moments ont cadencé cette évolution.

Le premier moment concerne la longue période de déploiement des regroupements identitaires au Cameroun. Cette période va de l'ère préjahannaminale, depuis la naissance du Ngondo au VIIe siècle après Jésus-Christ à l'indépendance. Toutes ces organisations ont contribué au développement économique, socioculturel et politique du territoire camerounais à l'ère préjahannaminale. Ensuite, elles ont pesé de tout leur poids dans le combat nationaliste qui a conduit finalement à l'indépendance et à la réunification du pays. Kpwang Kpwang souligne à cet effet: en 1957, après une longue période d'autisme où chaque regroupement identitaire évoluait dans son fief, quatre d'entre eux, en l'occurrence le Kolo-Beti, le Ngondo, le Kwasio et l'Efulameyon se retrouvèrent à Yaoundé sur invitation de Philippe Mbarga Manga, notable ewondo et président général du Kolo-Beti. Cette réunion aboutit à la création de l'Union des Associations Traditionnelles du Cameroun en abrégé UNATRACAM, une coordination dont l'objectif était, entre autres, d'amener les différents regroupements identitaires qui animaient la scène sociale au Cameroun français de « parler d'une seule voix pour tous les sujets concernant le Cameroun »

Au moment où la question du débat sur le Cameroun a commencé à se poser avec force et acuité, les regroupements identitaires se sont arrangés pour aller à l'ONU, l'organisation des nations unies . Les collectes de fonds organisées dans les unités administratives permirent à certains d'être présents à New-York. Parmi ces pétitionnaires, on retrouvait, entre autres, le chef Ernest Betoté Akwa pour le Ngondo, Paul Biba bi Ngota pour l'Efulameyon, tous deux aux côtés du camp du 1er ministre Ahmadou Barbatora Ahidjo, le protégé de la France coloniale; Germain Tsala Mekongo pour l'Anagsama-Lessomolo, Philippe Mbarga Manga pour le Kolo-Beti, aux côtés du camp nationaliste dont le chef de file était le leader de l'Union des Populations de Cameroun (UPC), le Dr Félix Roland Moumié, partisan de l'amnistie générale, de l'élaboration de la constitution et de l'organisation des élections générales sous le contrôle de l'ONU avant la levée de la Tutelle .

Au regard des éléments historiques qui précèdent, il apparaît clairement même pour un aveugle que les replis identitaires au Cameroun avant l'indépendance s'inscrivaient dans une dynamique salutaire, laquelle visait essentiellement la coexistence pacifique entre ses composantes culturelles, la construction de la Nation à travers notamment la défense de l'identité et de la souveraineté du Cameroun.

Le deuxième moment renvoie à la période du monolithisme politique, période au cours de laquelle l'on a assisté à l'assèchement des regroupements identitaires au Cameroun. En effet, après son élection à la tête du pays, le 05 mai 1960, le président Ahmadou Ahidjo s'est lancé dans un mouvement d'institutionnalisation de la pensée unique afin d'aboutir à la constitution d'un « grand parti national unifié », lequel devrait s'opérer à travers l'ébranlement total du système de pluralisme politique qui avait cours jusque-là. C'est ainsi que tous les caciques et autres thuriféraires du régime d'Ahmadou Ahidjo à l'instar d'Abraham Mvé Ndongo, Inspecteur Fédéral du Littoral, soutenait obstinément que « la poursuite de l'objectif d'unité et de paix nous commande de détribaliser les manifestations de culture »

Dans la poursuite de leur objectif, les caciques du régime d'Ahidjo ont arrêté un ensemble de textes juridiques visant la carbonisation des regroupements identitaires dans tout le pays. On peut citer dans ce registre l'ordonnance du 07 mai 1960 la loi no 67/LF/19 du 12 juin 1968 etc. Le président Ahmadou Ahidjo avait pensé , en son temps, que la construction et la réalisation de l'unité nationale – et donc de l'intégration dans le multiculturalisme sous tend qu'il n'y a ni Bamileké, ni Duala, ni Ewondo, ni Bulu, ni Foulbé, ni Bassa, etc., mais partout et toujours des Camerounais.

Suite à la stricte application de ces mesures juridiques, tous les regroupements identitaires furent interdits d'existence durant toute la période du monolithisme politique au Cameroun. C'est le cas de l'Efulameyon interdit le 08 septembre 1962, l'Assemblée Coutumière et Traditionnelle des Elog-Mpo'o (ACTEM) en 1979 ainsi que du Ngouon et de beaucoup d'autres. Même le Ngondo qui avait jusque-là résisté fut interdit en 1980.

Le dernier moment est celui du retour sur la scène sociopolitique des machines ethno-tribales dès le début des années 90, c'est en réalité après une longue période d'hibernation frappée par l'étouffement voire la mise en écart administrative des regroupements identitaires pendant le règne du monolithisme politique, l'on a assisté à la reprise d'activités de ces derniers à la faveur de la loi 90/053 du 19 décembre 1990 portant sur la liberté d'association. Cette loi aura non seulement permis le retour de ces organisations à caractère identitaire sur la scène, mais elle a également donné lieu à la naissance de nombreux festivals dans plusieurs localités du Cameroun.

A tout prendre, les replis identitaires sont un phénomène ancien qui a connu une évolution troublante et bouleversante. Depuis le retour des forces identitaires en 1990, après leur interdiction pendant le règne du monolithisme politique, leur perception a considérablement été retouchée. Des appuis aux luttes indépendantistes, elles sont devenues, en raison de cette cuvette sociopolitique, des espaces où les groupes s'organisent pour faire face aux influences de l'intérieur. Dans un environnement marqué par la promotion et la consolidation de l'intégration nationale, les replis identitaires doivent se départir de toute logique autarcique qui peut compromettre l'esprit communautaire et le vivre-ensemble dans la diversité.

Positionnés au centre de l'adversité infernale que constitue l'esprit séparatiste, la pauvreté, l'égocentrisme et bien d'autres fléaux sociopolitiques, les Camerounais gagneraient urgemment à tirer le meilleur parti en se réappropriant leur patrimoine culturel tout en contribuant à leur développement économique et social. Au vu de la grande et belle mosaïque de cultures qui singularise l'identité camerounaise, il nous semble commode de préconiser un type de développement dont l'authenticité repose sur les valeurs spécifiques du patrimoine de chaque aire culturelle pour former un Cameroun debout et fort. Sur cette voie, la seringue républicaine et responsable d'intégration nationale postule que l'ensemble des communautés humaines dans un pays aspire à un vouloir-vivre-ensemble quelles que soient leurs origines culturelles, ethniques, tribales et autres. Dans cette optique , les uns et les autres sont appelés à éprouver et manifester l'envie de faire partie d'une même entité : la Nation. Dès lors, il est tout simplement question d'une transcendance du lien social national sur les liens sociaux originels. C'est dire que, l'expression du repli identitaire à travers notamment la formation des regroupements et autres organisations identitaires tels que les festivals culturels, pour être salutaire et synonyme de développement, doit se dépouiller de toute tendance centrifuge et ou sécessionniste. Fondamentalement, dans ce Cameroun pluriculturel, au niveau politique, tout regroupement identitaire ne devrait se départir ou se détacher des notions de patrie, de patriotisme, de civisme, de sanctuarisation et de défense du territoire national et des institutions de la République, de décentralisation, de gouvernance locale, de droits et devoirs citoyens et des droits de l'humain en général. Sur un tout autre plan, toutes les initiatives entreprises ne devraient pas être en rupture d'avec l'idée et la promotion du vivre-ensemble dans la diversité. De manière générale, les actions sur le plan politique des regroupements identitaires doivent s'inscrire dans une double dimension institutionnelle et participative. Sur le plan socioculturel, l'intégration nationale met en évidence la nécessité de constituer un brassage authentique de tous les groupes humains en une nation à partir des spécificités ethno-tribales. Étant donné que ces dernières ne peuvent être exaltées et pérennisées que dans un cadre d'expression des identités locales, il importe donc de souligner de ce point de vue que les regroupements identitaires doivent se mouvoir sous le prisme de la cohésion sociale et nationale. Pour s'opérer de manière authentique, l'intégration socioculturelle doit s'intéresser aux expressions de l'appartenance et des relations d'une communauté humaine avec d'autres communautés d'une part et avec la communauté nationale d'autre part. La promotion des festivals culturels apparaît alors comme étant une véritable expression de l'identité multiculturelle du Cameroun.

Sur le plan économique, les replis identitaires sont une force à capitaliser dans la mesure où ils visent à assurer la pleine participation des populations locales à la vie et à l'activité économique des différents terroirs. C'est ainsi qu'il est souvent organisé des comices agropastoraux lors de certains regroupements identitaires au cours desquels les populations locales exposent les produits de leur savoir-faire. Cette préservation du dynamisme des différentes entités infranationales constitue une stratégie salutaire pour un développement harmonieux et équilibré de l'ensemble national. On pourrait dans ce cas parler d'une conciliation de l'intérêt collectif avec les intérêts respectifs de chaque localité.

Une appropriation saine et durable du repli identitaire dans la perspective de la consolidation de l'intégration nationale passe nécessairement par la lutte contre le primordialisme ou la communauté primaire. D'où la remise en cause de la stratégie des mémorandums et de la logique du « mapartisme»

Il s'agira à partir de cette méthode visant la cohabitation harmonieuse entre les différentes communautés culturelles de dresser les conditions dans lesquelles l'identité nationale peut être moulée à partir de l'identité ethno-tribale. De ce point de vue, il convient de souligner d'emblée que les regroupements identitaires se posent comme étant des instruments parfaits de rassemblement des groupes humains à l'échelle régionale ou locale. À ce titre, le vaste chantier d'éducation à la citoyenneté et à l'intégration nationale devrait davantage se réaliser par l'entremise de ce cadre.

Loin d'être le socle des divisions de toute sorte, les replis identitaires constituent une force pour l'intégration socioculturelle dans la mesure où ils favorisent le brassage culturel au niveau des différentes localités concernées, tout en contribuant à améliorer la qualité de la vie sociale. La consolidation de l'intégration nationale doit être à même d'assurer le vivre-ensemble et de permettre la prise en compte de la diversité des valeurs traditionnelles et culturelles nationales. Si nous prenons l'exemple des festivals culturels, il est remarquable de relever que leurs différentes expressions visent non seulement à promouvoir une cohabitation sociale harmonieuse, mais aussi et surtout à développer les valeurs culturelles et traditionnelles locales, régionales et nationales, tout en contribuant au développement économique local et national.

Face à certaines menaces grandissantes que constituent de nos jours l'insécurité et le terrorisme, les regroupements identitaires pourraient être un cadre de concertation en vue d'une coordination efficiente des moyens de lutte au niveau local. Le système d'autodéfense des populations exposées à ces menaces peut également tirer son fondement et son efficacité de cette logique. Les regroupements identitaires peuvent ainsi se constituer en organisations sécuritaires devant coopérer avec les forces de maintien de l'ordre pour la préservation de la paix et de la sécurité territoriale .

Au sein de certaines organisations identitaires, les festivals culturels par exemple, il existe certaines initiatives louables de création de richesse afin de lutter contre la pauvreté et le chômage des populations. C'est ainsi que de nombreuses activités génératrices de revenus sont créées pour le grand bonheur de leurs membres. Dans cette dynamique, plusieurs Groupements d'Initiatives Communes (GIC) ainsi que des coopératives agricoles ont vu le jour. Ces GIC et coopératives sont souvent bénéficiaires de multiples subventions et/ou dons offerts aussi bien par l'État que par certaines élites locales ou certains donateurs ou donatrices privé (e-s).

La participation des individus à toute entreprise développementale engagée par les regroupements identitaires respectifs concourt de fort belle manière à la consolidation de l'intégration nationale. Depuis l'avènement des premiers regroupements au Cameroun, il y a plusieurs siècles, les préoccupations développementales ont toujours été au cœur des actions entreprises en vue de l'édification solide et durable de la nation. La difficile avancée de la notion d'intégration nationale au Cameroun est principalement due à un certain nombre de facteurs tels que le repli identitaire à caractère tribal (Microstructure), le tribalisme (Macrostruture), le primordialisme ou la communauté primaire, l'esprit séparatiste, les tendances centrifuges et ou sécessionnistes, l'exclusion ou la marginalisation, les conflits entre autochtones et allogènes, etc. A l'épreuve de tous ces obstacles qui peuvent parfois découler d'une mauvaise appropriation du repli identitaire, nous en sommes arrivés à réaliser que l'intégration nationale dans la diversité culturelle est un construit social qui ne peut s'accomplir qu'à travers l'intégration de toutes les forces culturelles dans une logique de cohésion nationale. Il est donc question de promouvoir un bilinguisme intégral, le multiculturalisme et le vivre-ensemble, l'intégration des particularités inhérentes à l'essence identitaire de la nation camerounaise, la préservation de la diversité dans l'unité, la réalisation de l'union sacrée entre l'identité nationale et l'identité ethno-tribale en vue de la consolidation de l'intégration nationale. En tête de file des éléments qui constituent le patrimoine identitaire de l'humanité figurent en bonne place les langues, les arts et les civilisations. Une appropriation intelligente de ces éléments influe sur la qualité de la vie des sociétés humaines, car ils sont à même de produire des richesses qualitatives dont ont besoin les populations. Ces éléments importants du patrimoine identitaire de l'humanité sont des véritables réceptacles au travers desquels transparaissent les prouesses civilisationnelles qui fécondent et portent l'humanité. Au Cameroun, leur inventaire systématique au sein des regroupements identitaires permettrait de les valoriser, de les sécuriser pour les générations à venir et surtout de les exploiter à des fins économiques de toutes sortes. Ainsi, un peuple résolument tourné vers l'avenir se doit de se réapproprier durablement l'ensemble des ingrédients de son patrimoine identitaire commun. Le développement et l'intégration auxquels aspirent les peuples africains en général et camerounais en particulier ne sauraient se réaliser dans le cadre d'une tabula rasa de leurs diverses valeurs identitaires, éléments majeurs pour la bonne santé de leur système organique.

★ Multiculturalisme camerounais, une ouverture au monde à l'ère de la mondialisation

Au devant du seuil des velléités déstabilisantes ayant favorisé en gros l'adoption de la politique multiculturaliste au Cameroun, l'on peut se tenter d'évoquer néanmoins une autre cause qui semble aussi majeure notamment la question de la mondialisation qui, à part son ambivalence sémantique, désigne un ensemble des processus socio-économiques, culturels, politiques, technologiques Etc. devant permettre la mise en relation des sociétés du monde entier. C'est en réalité un processus qui tend à relier de façon positive les hommes dans le monde entier. Et cela donc implique un refus de se replier ou tout esprit communautariste c'est-à -dire conduit à une ouverture. En adoptant une telle politique, le Cameroun prépare ainsi sa population à resserrer leurs liens sociaux afin de s'arrimer à la dynamique de la mondialisation. Le multiculturalisme permet à l'échelle nationale de mettre ensemble toutes les forces vives de la nation en vue de l'essor (développement) dans le sens étymologique de la lexie car, chaque culture est une ressource devant être exploitée et préserver comme patrimoine mondial. L'on peut donc dire, en un mot que la politique multiculturaliste du Cameroun s'inscrit dans une double visée. Une telle démarche, va en étroite ligne avec l'idéologie prônée par l'UNESCO à savoir la promotion des cultures et bien d'autres.

★ Multiculturalisme, réaction ou réponse au communautarisme génocidaire

Plus loin, malgré le risque de se répéter, le multiculturalisme, il faut bien le souligner, demeure une réaction au communautarisme. Il peut être perçu à une échelle comme appartenant à l'idéologie d'universalisme alors qu'il se veut prioritairement universaliste vu qu'il prône la pluralité, la multitude et s'évertue à établir un équilibre entre différentes cultures. L'humanisme multiculturaliste ou universaliste surfe sur la pluralité culturelle c'est-à-dire leur cohabitation apaisée. Dans l'humanisme multiculturaliste, l'on s'aperçoit une volonté, un penchant pour le bien qui arrose l'environnement social et se positionne comme un cauchemar pour des guerres, violences intercommunautaires. Le courant multiculturaliste tend à recoudre les liens entre différentes composantes ou sinon à consolider les liens sociaux qui ne cessent de se fragiliser ou de se dégrader. C'était une urgence pour l'État du Cameroun d'adopter une telle politique qui puisse contribuer à la promotion du multiculturalisme en tant que patrimoine culturel national vu les tensions entre diverses communautés qui prenaient déjà des proportions atomiques et magmatiques. Ce projet politique, s'inscrivant dans une telle démarche, doit remuer ciel et terre pour construire des ponts solides et durables entre ces différentes cultures sinon les renforcer en ciment et en béton armé. Cela revient à relever, théoriquement que, la mosaïque culturelle est d'inspiration universaliste constituant, dans sa logique qui se veut humaniste, une réaction musclée contre le communautarisme à tendance génocidaire. La question d'identité spécifique qui fait le tour du concept multiculturaliste, ayant remplacé une autre notion qui causait beaucoup de torts à savoir " classe", doit être traité avec plus de tic et de tac en vue qu'elle ne serve pas d'alibi pour certaines communautés pour briser davantage des liens intercommunautaires. Au demeurant, le concept multiculturalisme, dès le départ, est apparu (États-Unis) dans des contextes socioculturels et politiques très controversés suite au soulèvement des minorités noires y compris dans d'autres pays du monde jusqu'à ce qu'il arrive précisément au Cameroun en ayant gardé ses circonstances d'apparition plus ou moins similaires en vue, il faut le marteler, de faire taire certaines velléités susceptibles d'atomiser les liens sociaux qui commençaient à prendre profondément racine.

Chapitre III : Reconnaissance, Différentialisme ou Démocratie ?

Le houleux débat qu'a suscité le terme «multicuturalisme» depuis son creuset et continuellement jusqu'à nos jours, puisque sujette à des interprétations hypervariées et confuses, a stimulé plusieurs penseurs à se prononcer à ce propos et principalement sur les formes que peut prendre ce concept selon la manière dont il est abordé et surtout au goût des sociétés dans lesquelles il fait discussion, notamment Jan Nederveen Pieterse. En réalité, l'on peut lire sur les traces de cet auteur, 47 formes de mosaïque culturelle dont trois vont retenir certainement notre attention selon notre projet, à savoir : d'abord le multiculturalisme de la reconnaissance, ensuite, le multiculturalisme pluraliste ou différentiealiste et enfin, le multiculturalisme démocratique.

★ Le multiculturalisme de la reconnaissance

Comme l'on peut bien le déceler à travers cette expression, le multiculturalisme de reconnaissance, en tant qu'un projet politique non discriminatoire, vise, à proprement parler, la reconnaissance, dans toute son exhaustivité, toutes les cultures qu'il y a au sein d'un même territoire en vue, bien évidemment, de les préserver en tant que patrimoine culturel national. Ce courant tent à ne pas faire de la différence son centre d'intérêt, en d'autres termes, il ne se préoccupe beaucoup sur la question de différence. Son point nodal est axé sur l'embrassade de toutes les cultures pouvant exister dans l'étendue de son espace ou bien dans son environnement.

★ Multiculturalisme différentialiste ou pluraliste

Substantiellement, ce type de multiculturalisme place la question de différence au centre de ses préoccupations et s'évertue donc à faire ressortir chaque trace différentielle que chacune des cultures existantes pourrait laisser s'échapper vis-à-vis de l'autre. Ici, l'organe exécutif se donne pour mission de reconnaître l'identité spécifique de chacune de ces cultures et de mettre en leur disposition un droit devant garantir et préserver cette identité spécifique. Ce projet politique se nourrit donc de différences c'est-à-dire fait de la différence la substance de ses manœuvres qui aboutit en son exploitation en tant qu'une ressource vitale.

★ Multiculturalisme démocratique ou égalitaire

Ici, l'organe exécutif se préoccupe de reconnaître toutes les cultures existantes et chercher à faire régner une sorte d'égalité entre elles. Ce type de multiculturalisme prône et veille au respect mutuel entre ces diverses cultures en vue de permettre leur coexistence pacifiée et harmonisée au sein d'un même territoire. Le sociologue anglais, spécialiste des relations raciales et ethniques John Rex voit en cela l "idéal" de la mosaïque culturelle selon qu'il permet d'opérer une dichotomie de la vie politique. L'une concerne la culture partagée relevant du domaine public à laquelle toutes les parties prenantes doivent se conformer; et l'autre, relevant du domaine privé, se résume à un espace clos où se pratiquent les particularités communautaires. Ces particularités, ou identités spécifiques perçues comme des valeurs immuables qu'on cherche à préserver fermement, doivent, si l'État veut rendre concrète et productive sa politique axée sur la promotion du multiculturalisme, être respectées voire soutenues fortement par les institutions étatiques.

À la lumière de ce que l'on vient de dire à propos de ces trois types de multiculturalisme, et au regard de la manière dont la mosaïque culturelle est pensée et gérée par le Cameroun, l'on peut donc se permettre d'attribuer la forme que l'État du Cameroun, ainsi que les médias locaux et certains intellectuels donnent au multiculturalisme camerounais notamment le multiculturalisme de reconnaissance et celui du différentielisme. L'on peut dire que le Cameroun est à cheval ou oscille entre ces deux formes. Et c'est justement où ce qui lui rend coupable de son propre projet car, cela devra et doit être complété par le multiculturalisme démocratique dont nous avons relevé son idéalisme en amont. Il permettra à l'État de déjouer les dérives culturelles dont certains groupes pourront se prêter. Nous ne voudrions pas rappeler que la multiculturalisme démocratique voudrait qu'il ait une division politique dans l'aménagement des affaires culturelles dont l'une relèvera du domaine public et l'autre du domaine privé, intime des ethnies. Cette dichotomie se révèle comme un véritable arbitre de la gestion culturelle c'est-à-dire un régulateur clé des affaires culturelles. Il renforce l'unité et l'intégration nationales, contribue au maintien de la paix dans la cité et instaure un respect mutuel entre les différentes ethnies mais en surcroît entre l'État et ses composantes.

Au cœur du bilinguisme et du multiculturalisme

- Conclusion générale

Au sortir de l'opération, il y a lieu de faire l'état d'un certain nombre de disfonctionnements, de prescrire une ordonnance et de s'essayer dans une perspective projective afin de vous plonger dans ce qu'on pourrait appeler le mode opératoire futuriste des notions multiculturalisme et bilinguisme qui, dans l'avenir, veulent continuer à faire bon ménage malgré le contexte social, culturel et politique qui laisse constater le délitement et l'effritement de la politique de promotion du multiculturalisme et du bilinguisme. Ce qui ne laisse pas présager un bel avenir. C'est donc un certain nombre d'observables, des signes précurseurs notamment les mouvements à tendance anticoexsistencialiste et antibilinguiste qui ne laissent pas voir une constellation autour de ce noble projet sociopolitique et culturel. En outre, l'on peut entrevoir, une démarche un tout petit peu d'équilibrée adoptée par l'organe en charge de la promotion du bilinguisme et du Multiculturalisme selon qu'il se préoccupe plus sur le bilinguisme au détriment du Multiculturalisme, or, les réalités et l'avenir montrent bien que l'on doit s'attarder plus sur la promotion du Multiculturalisme sinon chercher évidemment un équilibre entre les deux. l'État devra envisager une loi qui puisse instaurer la phase oratoire de l'anglais à tous les examens, concours du sous-système éducatif francophone d'une part et le français pour le sous-système éducatif anglophone d'autre part car, il s'est révélé, lors de notre modeste étude que, les camerounais, et précisément les apprenants peinent à joindre la théorie à la pratique. En d'autres termes, les enseignants doivent mettre plus d'accent sur la pratique et non sur la théorie. Du primaire jusqu'au supérieur, les enseignants doivent organiser et coordonner des séances de dialogue entre les apprenants, s'évertuer à les habituer à la pratique. La commission nationale pour la promotion du bilinguisme et du Multiculturalisme doit alors, à ce stade, faire bouger davantage les lignes, encourager et soutenir le Multiculturalisme et le bilinguisme. l'État, devra privilégier plutôt, dans sa politique du multiculturalisme, la notion d'écart et non de la différence ou la fameuse identité spécifique. Il n 'y a pas réellement d'identité ou de différence spécifique d'un groupe ou d'une culture, il existe plutôt l'écart entre diverses cultures. Insister sur des différences pourra être préjudiciable et alimenter malheureusement un sentiment centrifuge, c'est-à-dire que, certains groupes vont se sentir trop différents des autres.

Dans la même optique c'est-à-dire naviguer pleinement sur les vagues d'envolées prédicatrices, l'on entrevoit en revanche, un avenir plus reluisant pour le binôme multiculturalisme-bilinguisme à plusieurs échelles :

Tout d'abord, le multiculturalisme se fait voir comme une idéologie qui met en avant la diversité culturelle telle une source d'enrichissement de la société. Il pourra, dans l'avenir dresser une méthode opératoire qui s'assiéra sur des politiques volontaristes. Il sera donc question de voir la lutte sans merci menée contre la discrimination sociale et culturelle s'instensifier, de lire les évènements arbitrés par l'État-nation organisés dans le but de favoriser l'expression d'écart culturel, au cours desquels, on ferait une représentation d'écart des autres communautés culturelles, également, on mettra un accent aiguë sur la mise en application des lois visant la sauvegarde de la cohésion ou coexistence pacifiée et harmonisée des cultures camerounaises. Et surtout, accélérer la création d'un comité de censure et de régulation afin de contrôler ce qui se dit sur les réseaux sociaux et qui sont devenus malheureusement, le théâtre des discours haineux, ennemis de l'idéologie prônée par le multiculturalisme. Avec ces éléments majeurs, la consolidation du multiculturalisme sera bien évidemment tissée et complétée par le bilinguisme.

Passé plus de cinquante années de cheminement, le bilinguisme officiel camerounais a fait du chemin certes, mais il aurait pu faire des bonds de géant, s'il avait bénéficié d'une promotion plus vitaminée, plus vigoureuse et plus innovante et innovatrice. De nos jours, il est évident que son impact réel reste mitigé au sein des populations. Avec la survenance de la mondialisation et la construction urgente des Etats-Unis d'Afrique, il faudrait repenser l'aménagement linguistique dans chaque pays africain en général et au Cameroun en particulier, avec à l'esprit une farouche volonté d'enracinement culturel, une conscience forte d'être un organe important de la grande Afrique de demain, et une détermination à prendre une place de choix dans un monde en cours de globalisation. Le multilinguisme, dans ce contexte devient de plus en plus une urgence. L'option bilingue camerounaise qui est un pas dans la bonne direction, aura un avenir, c'est tout le malheur qu'on lui souhaite, des plus radieux, si l'acteur principal qu'est L'Etat change sa méthode d'implémentation du bilinguisme qui semble moins efficace.

Globalement, combien de Camerounais sont-ils réellement bilingues aujourd'hui, après plus d'un demi-siècle de bilinguisme officiel ? Très peu en réalité. Au Cameroun en général, chaque citoyen se perçoit avant tout comme un anglophone ou comme un francophone. Le pays est bilingue certes, mais les citoyens ne le sont pas : on entend très souvent ce genre de critiques dans les milieux populaires anglophones et francophones. A côté de cela s'ajoute cette fameuse phrase devenue endémique dans la zone dite « francophone» : «c'est Dieu qui donne l'anglais» Si l'Etat était plus sérieux dans cette option bilingue, pourquoi cette timidité dans la promotion du bilinguisme sur le terrain ? Pourquoi la majorité des officiels francophones ne s'expriment-ils pas en anglais en situation formelle ? Pourquoi, dans le système éducatif camerounais par exemple, l'Etat s'est-il limité à une juxtaposition dans le pays de deux sous-systèmes (anglophone et francophone) au niveau du primaire et du secondaire, pour ne "tolérer" le bilinguisme que dans l'enseignement supérieur, alors que l'institution de la parité linguistique dès 1961, de la maternelle au supérieur, aurait à ce jour moulé des millions de Camerounais dans le bilinguisme intégral ? Et si pour accéder à certains postes importants dans la vie sociopolitique du pays, un certain niveau de bilinguisme était exigé des postulants, cela indiquerait nettement la voie à suivre. En effet, le message d'une telle mesure de souveraineté serait sans équivoque : chaque citoyen saurait ce qu'il gagne à être bilingue, ou alors, ce qu'il perd à rester monolingue. En somme, il y avait plus d'un moyens d'action à la disposition des pouvoirs publics pour booster sur le terrain une politique linguistique librement choisie. Au lieu de cela, pendant longtemps on a multiplié les atermoiements comme si la seule inscription du bilinguisme dans la Constitution suffisait à le rendre désirable. Pire encore, entre 1961 et les années 1990, le pays s'est paradoxalement tenu à bonne distance de la Francophonie et du Commonwealth, pour cause de bilinguisme. Quel gâchis! Si l'Etat avait mis dans l'implémentation du bilinguisme tant vanté tous les moyens nécessaires, la proportion des Camerounais bilingues serait beaucoup plus significative aujourd'hui. Ces différentes interrogations visent le remodelage de la concrétisation du bilinguisme au Cameroun à l'avenir.

Le multiculturalisme et le bilinguisme camerounais sont sans conteste une chance et une richesse inouïe pour le pays et pour les citoyens. Les autres pays africains nous envient d'avoir comme langues officielles deux des langues les plus belles et les plus parlées dans le monde pour s'intéresser uniquement au bilinguisme. Mais comme toute œuvre humaine, cette option linguistique reste perfectible, notamment dans son élaboration conceptuelle et dans son implémentation. Pour qu'il ne soit plus perçu par certains comme une ruse pour masquer le rejet du biculturalisme. Il convient de le délester de toutes ses insuffisances et incohérences, sans oublier de corriger les dégâts collatéraux relevés sur le terrain, afin de doter notre pays d'une nouvelle architecture linguistique plus cohérente et plus visionnaire. L'objectif final étant de construire un multilinguisme stratégique (français, anglais, langues nationales) pliables et adaptables selon nos intérêts, et capables de transformer le Camerounais en un citoyen fier de son identité culturelle, et linguistiquement à l'aise en Afrique et dans le monde. D'où la nécessité, dans ce contexte de reconfiguration linguistique, d'un bilinguisme individuel de grande qualité, puisé à bonne source auprès des encadreurs de la bonne étoffe. Le sort qui est alors réservé aux deux notions reste à être prédire.

Il semble d'emblée que l'on ne soit pas en mesure de projecter vraisemblablement le futur ou qu'il soit nettement flou de trouver un visuel qui puisse nous renseigner sur le sort qui sera réservé au bilinguisme et au multiculturalisme camerounais si cet État venait à redevenir fédéral. Mais au regard de certains signes prémonitoires, l'on pourra penser à un sort dramatique voire tragique car, les réalités du Cameroun différent bien de celles qu'on observe dans d'autres pays bilingues et multiculturels à l'instar du Canada quand bien même celui-ci fait face à une menace de Sécession.

En réalité, le fédéralisme joint aux réalités camerounaises et tant que les camerounais ne se sont pas encore appropriés de l'importance capitale que comporte ces deux nobles notions sur le plan de la stabilité de la patrie, de la préservation de l'unité et de l'intégration nationales, va malheureusement plutôt fragiliser sinon impacter négativement un pan de la politique multiculturaliste et bilinguiste à savoir, s'il faut le rappeler, la coexistence pacifiée et harmonisée de toutes les cultures qui composent la nation camerounaise au sein d'un même territoire qu'est le territoire camerounais. Le fédéralisme renforcera l'esprit communautariste à connotation génocidaire ou tout simplement servir d'oxygène au mouvement sécessionniste déjà perceptible. Il fera naître des dissidents et éloignera de manière kilométrique les différents groupes. Chaque groupe cherchera à faire prévaloir ou à ériger sa culture comme un modèle créant par conséquent des frustrations chez les minorités, ce qui pourrait donner lieu aux guerres intercommunautaires. Certes qu'appartenant à un organe central, et ayant deux langues officielles, il faudra, dès lors, faire les adieux au bilinguisme pratiqué dans toutes les régions car, chacune cherchera à pratiquer la langue de son choix. Si le cas y échet, l'État central aura donc de la pierre à croquer pour faire marcher une telle politique, autrement dit, il devra davantage renforcer la politique de la promotion du multiculturalisme et du bilinguisme dans l'optique de faciliter la cohésion sociale des différents groupes, préserver l'unité et l'intégration nationales aux fins d'obtenir une paix durable. Cela demeure un préalable au fédéralisme si l'on souhaite l'envisager car si un tel projet politique est mis en pratique à l'état actuel des choses, compte tenu du fait que les différentes composantes nationales n'ont pas encore bien compris ce que le multiculturalisme veut dire, ce sera la confirmation évidente de la division du Cameroun. On assistera à coup sûr à une déflagration ou à une multiplication des conflits intercommunautaires. Dans le contexte actuel du Cameroun, on dirait tendu, et les sentiments tribalistes que cela laisse voir, la politique multiculturelle et du bilinguisme semble être un idéal pour recoudre les liens sociaux, renforcer l'unité et l'intégration nationales et surtout permettre la perpétuité de la paix, le vivre ensemble et l'amorcement du développement durable en vue de l'émergence à l'horizon 2035 tel que promu par le président de la République, son excellence Paul Biya. Cela permettra à l'État de favoriser l'exogamie afin de tisser davantage un lien ombilical entre les diverses communautés. Toutefois, la question troublante qui ébranle la stabilité de notre esprit, est celle de savoir pour quelle raison, l'État camerounais n'a-t-il pas opté pour l'interculturalisme qui semble plus avantageux que le multiculturalisme?

Aucune communauté ne saura se replier sur elles-même, car son enrichissement réside dans son ouverture à l'extérieur.

Printed by Books on Demand GmbH, Norderstedt / Germany